Kutsamanın Müthiş Gücü

Richard Brunton

Kutsamanın Müthiş Gücü
Published by Richard Brunton Ministries
New Zealand

© 2022 Richard Brunton

ISBN 978-0-473-64841-1 (Softcover)
ISBN 978-0-473-64842-8 (ePUB)
ISBN 978-0-473-64843-5 (Kindle)
ISBN 978-0-473-64844-2 (PDF)

Editing:
Special thanks to
Joanne Wiklund and Andrew Killick

Production & Typesetting:
Andrew Killick
Castle Publishing Services
www.castlepublishing.co.nz

Cover design:
Paul Smith

Scripture quotations are taken from
the New King James Version®.
Copyright © 1982 by Thomas Nelson, Inc.
Used by permission. All rights reserved.

ALL RIGHTS RESERVED

No part of this publication may be reproduced,
stored in a retrieval system, or transmitted
in any form or by any means, electronic, mechanical,
photocopying, recording or otherwise,
without prior written permission from the publisher.

İÇİNDEKİLER

Önsöz	5
Giriiş	9
Birinci Bölüm: Neden Kutsama?	13
Anlayış	15
Konuşmamızın Gücü	19
İyi Konuşmadan Kutsamaya Geçiş	22
Hristiyan Kutsaması Nedir?	24
Ruhsal Otoritemiz	27
İkinci Bölüm: Nasıl Yapılır?	33
Bazı Önemli İlkeler	35
Temiz Bir Ağzı Yaşam Tarzı Haline Getirin	35
Kutsal Ruh'a Ne Söyleyeceğinizi Sorun	35
Şefaatten Farklı Olarak Nimet	36
Yargılamayın	37
Gösterilecek bir Örnek	38
Karşılaşabileceğimiz Farklı Durumlar	40
Seni Lanetleyenleri Kutsama	40

Seni İnciten veya Reddedenleri Kutsama	41
Seni Kışkırtanları Kutsamak	44
Kendimize Lanet Etmek Yerine Kutsama	47
Lanetleri Tanımak ve Kırmak	47
Birinin Ağzına Kutsamak	49
Birinin Aklını Kutsamak	50
Vücudumuzu Kutsamak	51
Evinizi, Evliliğinizi ve Çocuklarınızı Kutsamak	55
Bir Babanın Nimeti	63
Peygamberlik Yaparak Başkalarını Kutsamak	69
İş Yeriniz Kutsamak	70
Bir Topluluğu Kutsama	73
Araziyi Kutsamak	74
Rabbi Kutsamak	75
Bir Okuyucunun Son Kelime	77
Yazarın On Kelime	77
Uygulamalar	78
Nasıl Hristiyan Olunur?	80

ÖNSÖZ

Güçlü mesajı olan bu küçük kitabı okumanızı tavsiye ederim - değişeceksiniz!

Richard Brunton ve ben bir sabah kahvaltı ederken, Tanrı'nın ona kutsama gücü hakkında açıkladığını paylaştı. Ben hemen başkalarının yaşamlarında büyük etki potansiyeli olduğunu gördüm.

Kilise erkekler kampımızda göstermek için mesajını filme aldım. Orada bulunan adamlar o kadar iyi olduğunu düşündüler ki, tüm kilisenin bunu duymasını istediler. İnsanlar hayatlarının her alanında uygulamaya başladılar ve bunun sonucunda inanılmaz tanıklıklar duyduk. Bir işadamı, işinin iki hafta içinde 'hiçten kâra' geçtiğini bildirdi. Diğerleri bedenlerini kutsamaya başladıklarında fiziksel olarak iyileştiler.

Bu mesajın duyulması için diğer fırsatlar açılmaya başladı. Sonra Kenya ve Uganda'ya gittim ve arkadaşım Richard Breton'u yanıma aldım ve ibadetin farklı yerlerinde mesajını vaaz etti. Bu mesaj insanların hayatlarının bağlarını kopardı. Her türlü acılar, ıstıraplar ve zorluklar bozuldu, insanlar ağlamaya başladı ve herkes duygu ve hislerinde yeni bir ruhsal güç kazandı ve kutsama gücüyle doldu.

Nasıl kutsayacağımı bilmek, hayatımı öyle bir noktaya getirdi ki, şimdi başkalarını "söz ve eylem" ile – söylediklerim ve yaptıklarım aracılığıyla – kutsamak için fırsatlar arıyorum. Bu küçük kitaptan keyif alacaksınız ve onu yaşamınıza uygularsanız, bereketiniz bol olacak ve Tanrı'nın Krallığı için taşacak.

Geoff Wiklund
Geoff Wiklund Bakanlıklar,
Eski Başkan, Söz Tutanlar (Promise Keepers),
Auckland, Yeni Zelanda

Tanrı, Richard'ı, başkalarına salıverildiğinde kutsama gücünün bir vahiy ile kutsadı. Bunun zamanımız için Tanrı'dan bir vahiy olduğuna inanıyorum. Richard mesajını yaşarken, bu, insanların hemen ilişki kurabileceği bir özgürlük getiriyor.

Bu, Richard'ı tüm erkek etkinliklerimizde konuşmaya davet etmemize neden oldu. Etki son derece güçlüydü ve birçokları için hayat değiştiriyordu. 'Kutsama', etkinliklerinde erkeklerin kalbini kazanan ve yakalayan bir konuydu. Bu önemli öğretiye - kutsama ve 'iyi konuşmanın' gücü - muazzam bir olumlu tepki geldi. Erkeklerin çoğu hiçbir zaman gerçekten kutsama almamış veya başkalarına vermemişti.

Richard'ın mesajını duyduktan ve bu kitabı okuduktan sonra, güçlü bir kutsama aldılar ve Baba, Oğul ve Kutsal Ruh'un adına başkalarını kutsamak için donatıldılar.

Richard'ı ve bu kitabı takdir ediyorum. Kutsamanın Müthiş Gücüserbest bırakmanın güçlü bir yolu olarak ailelerimizde, topluluklarımızda ve milletimizde Tanrı'nın bereketinin doluluğu.

Paul Subritzky
Eski Ulusal Direktör , Söz Tutanlar(Promise Keepers)
Auckland, Yeni Zelanda

Giriiş

Herkes heyecan verici haberler duymayı sever - ve bunu siz söyleyince daha da iyi oluyor!

Bir kutsama vermenin değerini keşfettiğimde, sanki İncil'de bir tarlada hazineyi keşfeden adam benmişim gibi oldu. Düşüncelerimi ve deneyimlerimi coşkuyla Pastör Geoff Wiklund ile paylaştım ve Şubat 2015'te bir kampta kilisesinden erkeklerle konuşmamı istedi. O kadar etkilendiler ki tüm kilisenin mesajı duymasını istediler.

Bu mesajı kiliseye vaaz ettiğimde, Yeni Zelandalı Pastörlar Brian France ve Paul Subritzky de toplantıya katılmışlardı . Sonuç olarak, bu mesajı Yeni Zelanda'daki kilisesinde vaaz etti. Onun kilisesinin halkı bu mesajı işitince hemen kabul etmeye hazırdılar ve bu mesaja göre hayatlarını verdiler ve bu da kutsa sonuçlarla sonuçlandı. Birçoğu onu tuttu ve hemen mükemmel sonuçlarla uygulamaya koymaya başladı. Bazıları yorum yaptı Tanrı'nın Krallığının bu yönü hakkında öğretiyi daha önce hiç duymadıklarını.

Daha sonra 2015 yılının sonlarına Pastör Geoff'a Kenya ve Uganda'ya kadar eşlik ettim. Generaller Toplantısına katılan yüzlerce Pastöra hizmet ediyordu. Bu, delegelerin ilham ve destek aradığı yıllık bir etkinlikti ve Geoff, kutsama konusundaki öğretimimin yardımcı olacağını hissetti onlar için. Ve öyle olduğu ortaya çıktı sadece pastörler, ancak Amerika, Avustralya'dan diğer konuşmacılar ve Güney Afrika bunun güçlü bir mesaj olduğunu hissetti ve beni daha geniş bir alana ulaşmak için bir şeyler yapmaya teşvik ettikitle.

Ne bir web sitesi kurmak ve sürdürmek istedim, ne de diğer mükemmel olanlar olduğunda derinlemesine bir çalışma yazın zaten var. nimet mesajı çok basit– kolayca uygulamaya konulur – ve

basitliğinin karmaşıklıkta kaybolmasını istemedim –
bu yüzden bu küçük kitap alıntılar yaptım.

Kutsamanın gücünü keşfetmek, ona göre hareket
eden herkes için yepyeni bir yaşam tarzının kapısını
aralayacaktır. Artık çoğu gün insanları – iman
edenler ve imansızlar- kafelerde, restoranlarda,
otellerde, bekleme salonlarında ve hatta sokakta
kutsuyorum. Kutsadım yetimlerim, yetimhane
personelim, hostesim, meyve bahçelerim,
hayvanlarım, cüzdanlarım, işyerlerim ve sağlık
koşullarım var. Bir babanın kutsamasını ilan ederken
göğsümde ağlayan erkekleri ve kadınları büyüttüm.

Imansızlarla konuşurken 'Sana/işine/evliliğine
bereket vereyim mi?' 'Senin için dua edebilir
miyim?' Gerçekten de, sevgi dolu bir endişeyle ifade
edilen bu basit yaklaşım, ailemden birinin durumu
tanımasına yol açtı yıllarca süren tartışmadan sonra
İsa Mesih'in sevgisi ve kurtarıcı gücü.

Çoğu zaman sonuca tanık olamıyorum, ancak kutsamanın yaşamları değiştirdiğini bilecek kadar çok şey gördüm. Ve benimkini de değiştirdi.

Kutsamak Tanrı'nın doğasıdır ve O'nun suretinde yaratılmış yaratıklar olarak bizim ruhsal DNA'mızda da vardır. Kutsal Ruh, yaşamları dönüştürmek için Tanrı'nın halkının imanla ve İsa Mesih'in onlar için kazandığı yetkiyle adım atmasını bekliyor.

Bu kitapçığı faydalı bulacağınıza eminim. İsa Mesih bizi güçsüz bırakmadı. Her türlü durumda nimetleri konuşmak, dünyanızı değiştirme potansiyeline sahip ihmal edilmiş bir ruhsal lütuftur.

Keyfini cıkarın,
Richard Brunton

Birinci Bölüm:
Neden Kutsama?

Anlayış

Karım Nicole Yeni Kaledonyalı ve tabii ki bu, Fransızca konuşmayı öğrenmem ve doğduğu yer olan Noumea'da oldukça fazla zaman geçirmem gerektiği anlamına geliyordu. Yeni Kaledonya esas olarak Katolik bir ülke olmasına rağmen, pek çok insanın dinlerini uygularken aynı zamanda 'karanlık taraf' ile temas halinde olduğunu fark etmem çok uzun sürmedi. İnsanların bir medyum, kahin veya gerilla aslında büyücülüğe danıştıklarını anlamadan.

Karımın beni bu "şifacılardan" birine götürülen, ancak kısa bir süre sonra zihinsel olarak rahatsız veya depresif insanlar için bir evde kalan yirmili yaşlarında genç bir kadını ziyarete götürdüğünü hatırlıyorum. Hristiyan olduğunu anladığım için, içine giren şeytanlara İsa Mesih adına gitmelerini emrettim. Bir Katolik rahip de dua etti ve aramızda kalsın bu kız kısa süre sonra serbest bırakıldı ve kurumdan taburcu edildi. Diğerleri Katolik dinlerini ilan ettiler ve yine de diğer tanrıların heykellerini veya eserlerini açıkça sergilediler.Tanıştığım ve sürekli mide problemleri olan bir adam vardı. Bir gün ona evinin önündeki büyük, şişman Buda'dan kurtulursa mide problemlerinin ortadan kalkacağını söyledim. Ayrıca, topladığı eserlerin bir kısmının gitmesi gerekiyordu. Direndi - bu 'ölü' şeyler onu nasıl hasta edebilir? Birkaç ay sonra onu tekrar gördüm ve midesinin nasıl olduğunu sordum. Biraz utangaç bir şekilde, 'Sonunda tavsiyene uydum ve Buda'dan kurtuldum. Şimdi midem iyi.'

Başka bir olayda kanserli bir kadının evine gitmem istendi. Dua etmeye başlamadan önce, kocasının hemen yaptığı salondaki Buda heykellerinden kurtulmalarını önerdim. Ondan lanetleri koparıp İsa Mesih adına iblislere gitmelerini emrettiğimde, buz gibi bir soğukluk vücudunu ayaklarından yukarı doğru hareket ettiriyor ve kafasından çıkıyor.

Böylece, bu arka plana karşı, Noumea dairemizde eşimle birlikte başlattığımız bir dua grubuna 'lanetler' üzerine bir eğitim vermeye karar verdim. Öğreti, Derek Prince'in çalışmasına dayanıyordu (Derek Prince, yirminci yüzyılda ünlü bir İncil öğretmeniydi). Fransızca mesajımı hazırlarken onların küfür kelimesinin kötü niyet onların nimet için sözleriiyilik. Bu kelimelerin kök anlamları 'kötü konuşma' ve 'iyi konuşma'dır.

Eskiden lanet ve kutsamayı karşılaştırdığımda, lanet karanlık, ağır ve tehlikeli görünüyordu ve kutsama oldukça hafif ve iyi huylu görünüyordu. Daha önce lanetle ilgili öğretiler duymuştum, ama asla kutsama üzerine değil - bu muhtemelen algıma katkıda bulundu. Ayrıca hiç kimsenin başka bir kişiyi gerçek niyet ve etkiyle kutsadığını duymadım. Aslında, bir Hristiyan'ın kutsamasının kapsamı, biri hapşırdığında 'Çok yaşa' demek ya da 'Nimetler' yazmak olabilir bir mektubun veya e-postanın sonu -

sanki kasıtlı bir şey değil de neredeyse bir alışkanlıkmış gibi.

Daha sonra, bu kelimeler üzerinde düşündüğüm gibi, 'lanet' ve 'beddua', kötü konuşma güçlüyse, o zaman 'iyi konuşma' da en az onun kadar güçlü olmalı ve Tanrı katında muhtemelen çok daha güçlü olmalı diye düşündüm!

Bu vahiy, daha sonra bahsedeceğimiz diğer anlayışlarla birlikte, benigüç nimet.

Konuşmamızın Gücü

Sözlerimizin gücü hakkında pek çok iyi kitabın söylediklerini tekrarlamak istemiyorum, bu alanda çok önemli olduğuna inandığım şeyin bir özetini vermek istiyorum.

Biz biliyoruz ki:

Dil ölüme de götürebilir, yaşama da; Konuşmayı seven, dilin meyvesine katlanmak zorundadır.
(Süleyman'ın Özdeyişleri 18:21)

Sözcükler muazzam bir güç içerir - olumlu ve yapıcı ya da olumsuz ve yıkıcı. Kelimeleri her konuştuğumuzda, bizi duyanlara ve kendimize ya yaşam ya da ölüm konuşuruz.

Ayrıca şunu biliyoruz:

Çünkü ağız yürekten taşanı söyler. İyi insan içindeki iyilik hazinesinden iyilik, kötü insan

içindeki kötülük hazinesinden kötülük çıkarır
(Matta 12:34-35)*.*

Böylece, eleştirel bir yürekten eleştirel bir dil konuşur; kendini beğenmiş bir yürekten, yargılayıcı bir dilden; nankör bir kalp, şikayet eden bir dil; ve benzeri. Bunun gibi, şehvetli kalpler de karşılık gelen meyveyi verir. Dünya olumsuz konuşmalarla dolu. İnsan doğası ne ise, insanlar veya durumlar hakkında iyi konuşmama eğilimindeyiz. Bize pek doğal gelmiyor. İnsanlar hakkında güzel şeyler söylemeden önce genellikle ölmelerini bekleriz. Ancak, 'iyi hazine' lütufkâr bir dille konuşacak sevgi dolu yüreklerden fışkırır; barışçıl kalplerden, barıştıran bir dilden.

'Ve onu sevenler meyvesini yiyecek' ifadesi, iyi ya da kötü ne ekersek onu biçeceğimizi ima eder. Başka bir deyişle, söylediklerinizi alacaksınız. Bunun hakkında ne düşünüyorsun?

Bu, Hristiyan inancına sahip olsun ya da olmasın tüm insanlar için geçerlidir. Hem Hristiyanlar hem de Hristiyan olmayanlar hayata dair sözler söyleyebilirler - örneğin, her ikisi de şöyle diyebilir: 'Oğlum, bu yaptığın harika bir kulübe. Bir gün mükemmel bir inşaatçı veya mimar olabilirsiniz. Aferin.'

Ancak, yeniden doğmuş bir Hıristiyanın biryenikalp. İncil bizim olduğumuzu söylüyor 'yeni yaratımlar' (2 Korintoslulara 5:17). Bu nedenle, Hristiyanlar olarak daha fazlasını yapmalıyız.iyikonuşma ve daha azkötü. Kalplerimizi ve sözlerimizi korumaya dikkat etmezsek, kolayca olumsuzluğa düşebiliriz. Bunu bilinçli olarak düşünmeye başladığınızda, hristiyanların kendilerini ve başkalarını ne sıklıkla lanetlediğine şaşıracaksınız. Bunun hakkında daha sonra.

İyi Konuşmadan Kutsamaya Geçiş : Çağrımız

Hristiyanlar olarak, Rab İsa'nın hayatı içimizden akarken, sadece iyi konuşmanın ötesine geçebiliriz – insanlar veya durumlar üzerinde konuşabilir ve nimetler verebiliriz – ve gerçekten de bunu yapmaya çağrıldık. Belki de nimet bizim büyük çağrımızdır. Aşağıdakini oku:

Şefkatli, alçakgönüllü olun. Kötülüğe kötülükle, sövgüye sövgüyle değil, tersine, kutsamayla karşılık verin. Çünkü kutsanmayı miras almak için çağrıldınız **(1 Petrus 3:8-9)**.

Bizler kutsamaya ve kutsama almaya çağrıldık.

Tanrı'nın Adem ve Havva'ya söylediği ilk şey bir kutsamaydı:

Sonra Tanrı onları kutsadı ve Tanrı onlara dedi ki:

Onları kutsayarak, "Verimli olun, çoğalın" dedi,
"Yeryüzünü doldurun ve denetiminize alın; denizdeki
balıklara, gökteki kuşlara, yeryüzünde yaşayan bütün
canlılara egemen olun.(Yaratılış 1:28)

Tanrı onları bereketli olsun diye kutsadı. Nimet, Tanrı'nın bir özelliğidir ve o'nun yaptığı şeydir! Ve Tanrı gibi – ve Tanrı'dan – biz de başkalarını kutsamak için yetki ve güce sahibiz.

İsa Mesih kutsadı. Tam göğe çıkmak üzereyken yaptığı son şey, öğrencilerini kutsamak oldu:

İsa onları kentin dışına, Beytanya'nın yakınlarına kadar götürdü. Ellerini kaldırarak onları kutsadı. Ve onları kutsarken yanlarından ayrıldı, göğe alındı. Çünkü sizde olan, dünyadakinden üstündür. **(Luka 24:50-51)**

İsa bizim rol modelimizdir. O'nun adına yaptığı şeyleri bizim de yapmamız gerektiğini söyledi. Tanrı tarafından kutsamak için tasarlandık.

Hristiyan Kutsaması Nedir?

Eski Ahit'te 'kutsama' kelimesi İbranice bir kelimedir barak.Bu sadece 'Tanrı'nın niyetini konuşmak' anlamına gelir.

Yeni Ahit'te 'kutsama' kelimesi Yunancadır eulogia, 'eulogy' kelimesini buradan alıyoruz. Yani pratikte bu, bir kişi hakkında 'iyi konuşmak' veya 'Tanrı'nın niyetini ve lütfunu söylemek' anlamına gelir.

Bu kitap için kullanacağım nimet tanımı bu. Nimet, bir kimse veya bir durum hakkında Tanrı'nın niyetlerini veya lütfunu söylemektir.

Tanrı, çoğunlukla, bilgeliğiyle, yeryüzündeki işini, halkı aracılığıyla başara bilecekleriyle sınırlamaya karar vermiştir. O, krallığını yeryüzüne böyle getiriyor. Buna göre, Kendisi adına kutsamamızı istiyor. Bu nedenle, bir Hristiyan olarak, Tanrı'nın niyetlerini veya iyiliğini herhangi biri veya dünyadaki bazı durumlar hakkında konuşabilirim İsa'nın adı. Bunu inançla ve sevgiyle yaparsam, o zaman söylediklerimin arkasında cennetin gücüne sahibim ve Tanrı'nın her şeyi oldukları yerden, olmasını istediği yere değiştirmesini bekleyebilirim. Birini bilerek, sevgi ve inançla kutsadığımda, Tanrı'nın o kişi için planlarını harekete geçirmesini sağlarım.

Öte yandan, birisi kasıtlı olarak veya genellikle istemeden, Şeytan'ın niyetlerini söyleyin birileri, hatta kendileri üzerinde, ki o zaman şeytani güçlerin planlarını harekete geçirmesini sağlar. O kişiyi ve onun çalmasına, öldürmesine ve yok etmesine izin verir. Fakat Tanrı'ya övgü,

Çünkü sizde olan, dünyadakinden üstündür.
(1 Yuhanna 4:4)

Kutsamak Tanrı'nın tam kalbidir ve gerçekten de O'nun doğası! Tanrı'nın kutsama arzusu şaşırtıcı derecede abartılı. Hiçbir şey O'nu durduramaz. İnsanlığı kutsamaya kararlıdır. Onun özlemi, İsa'nın birçok erkek ve kız kardeşi olacak. Bu biziz! Yine de, insanlığı kutsamak Tanrı'nın tam kalbindeyken, halkının birbirini kutsamasını daha da çok arzu eder.

İsa'nın adıyla kutsadığımızda, Kutsal Ruh gelir çünkü biz Baba'nın yaptığı bir şeyi yansıtıyoruz - Baba'nın söylenmesini istediği kelimeleri konuşuyoruz. Bunun ne kadar doğru olduğuna sürekli şaşırıyorum. Birini kutsadığımda, Kutsal Ruh işin içindedir – diğer kişiye dokunur, sevgi serbest kalır ve işler değişir. Çoğu zaman insanlar daha sonra bana sarılır ya da ağlayarak 'Bunun ne kadar yerinde ve güçlü olduğunu bilemezsiniz' ya da 'Buna ne kadar ihtiyacım olduğunu bilemezsiniz' derler.

Ancak, burada dikkat edilmesi gereken çok önemli bir şey var: Tanrı ile yakın olduğumuz bir yerden, O'nun varlığından kutsuyoruz. Tanrı ile olan ruhsal yakınlığımız çok önemlidir. Sözlerimiz O'nun sözleridir ve O'nun o kişi veya durum için niyetlerini gerçekleştirme gücüyle meshedilmiştir. Ama biraz geriye gidelim…

Ruhsal Otoritemiz

Eski Ahit'te, rahipler insanlar için aracılık edecek ve onlar üzerinde kutsama ilan edeceklerdi.

İsrail halkını şöyle kutsayacaksınız. Onlara diyeceksiniz ki,

> *RAB sizi kutsasın ve korusun;*
> *RAB aydın yüzünü size göstersin ve size lütfetsin;*
> *RAB yüzünü size çevirsin Ve size esenlik versin.*
> *"Böylece kâhinler İsrail halkını adımı anarak kutsayacaklar. Ben de onları kutsayacağım." **(Çölde Sayım 6:23-27)***

Yeni Ahit'te Hristiyanlar olarak bizler şöyle denir:

> *seçilmiş soy, Kral'ın kâhinleri, kutsal ulus, Tanrı'nın öz halkısınız. Sizi karanlıktan şaşılası ışığına çağıran Tanrı'nın erdemlerini duyurmak için seçildiniz. **(1 Petrus 2:9)***

> ve

*bizi bir krallık haline getirip Babası Tanrı'nın
hizmetinde kâhinler* yapmış olan Mesih'in olsun! Amin.
(Vahiy 1:6)*

Bir süre önce, Noumea'da bir gözetleme noktası olan
Ouen Toro'da oturmuş bir dua grubuna iletmek için bir
mesaj arıyordum. Tanrı'nın 'Kim olduğunu bilmiyorsun'
dediğini hissettim. Sonra birkaç ay sonra: 'Eğer Mesih
İsa'da sahip olduğunuz yetkiyi bilseydiniz, dünyayı
değiştirirdiniz.' Bu mesajların ikisi de belirli insan
grupları içindi ama sonradan fark ettim ki onlar da benim
içindi.

Sanırım, Hristiyan çevrelerinde, bir hastalık veya
durumla (bir 'dağ' - Markos 11:23) doğrudan konuşmanın
ve şifa vermenin, Tanrı'dan bunu yapmasını istemekten
daha etkili olduğu genellikle bilinmektedir (Matta 10:8;
Markos 16: 17-18). Bu kesinlikle benim deneyimim ve
diğer birçok tanınmış ve saygın aktif ve başarılı insanın
deneyimi oldu şifa ve kurtuluş bakanlığında. İsa'nın
gerçekte şöyle dediğine inanıyorum, 'Sen hastaları iyileştir
(benim adıma). Bu benim işim değil, senin işin. Sen yap.'

Tanrı herkes iyileşmek istiyor ve bunu bizim aracılığımızla yapmak istiyor. Tanrı teslim etmek istiyor ve bunu bizim aracılığımızla yapmak istiyor. Tanrı kutsamak istiyor ve bunu bizim aracılığımızla yapmak istiyor. Sorabiliriz Tanrı kutsamak veya biz İsa'nın adıyla kutsayabilir.

Birkaç yıl önce, gitmek için zaman ayrıldığımı hatırlıyorum işletme kutsamak için işe erken. 'Tanrı Colmar Brunton'u korusun' ile başladım. Ama motive olmadım ve sonra sözlerimi 'Tanrı Colmar Brunton'u korusun' olarak değiştirdim:

Colmar Brunton, sizi Baba, Oğul ve Kutsal Ruh adına kutsuyorum. Seni Auckland'da ve Wellington'da kutsuyorum ve seni bölgelerde kutsuyorum. Seni işte kutsuyorum ve seni evde kutsuyorum. Burada Tanrı'nın Krallığını salıveriyorum. Gel Kutsal Ruh, burada hoş geldiniz. Sevgiyi ve sevinci ve barışı ve sabrı ve nezaketi ve iyiliği ve yumuşaklığı ve sadakati ve özdenetim ve birliği salıveriyorum. İsa adına, müşterilerimizin başarılı olmasına ve dünyayı daha iyi bir yer haline getirmesine yardımcı olacak Tanrı'nın Krallığından fikirler yayınlıyorum. Müşteri pazarında iyilik bırakıyorum. İstihdam piyasasında iyilik bırakıyorum. Vizyonumuzu kutsuyorum: 'Daha İyi İş, Daha İyi Dünya'. İsa adına, Amin.

Yönlendirildiğimi hissettiğimde, girişimizde bir haç işareti yapar ve İsa'nın kanının korumasını işimize ruhsal olarak uygulardım.

'Tanrı Colmar Brunton'ı kutsasın'dan 'Baba, Oğul ve Kutsal Ruh adına Colmar Brunton'ı kutsuyorum'a değiştiğim andan itibaren, Tanrı'nın kutsaması üzerime düştü – Tanrı'nın hoşnutluğunu ve onayını hissediyordum. Sanki, 'Aldın oğlum; senden bunu yapmanı istiyorum.' Bunu şimdi yüzlerce kez yapmış olmama rağmen, bundan her zaman Tanrı'nın hoşnutluğunu hissettim. Ve sonuçlar? Ofisteki atmosfer değişti ve hızla değişti, öyle ki insanlar açıkça onun hakkında konuşacak ve işlerin neden bu kadar farklı olduğunu merak edecekti. Gerçekten harikaydı! Nimet gerçekten dünyamızı değiştirebilir.

Ama orada durmadım. Sabah, büro henüz boşken, belirli bir durum için bilgeliğe ihtiyacı olan birinin koltuğuna geldiğimde, kutsamayı gerçekleştirmek için bir meshin geçeceğine inanarak, ellerini koltuğa koyarak onları kutsardım. sandalyenin kumaşına vb. üzerine oturan kişiye uygulanır (***Resullerin19:12***). İnsanların karşılaştığı belirli ihtiyaçların farkında olduğumda, bu şekilde kutsardım.

Özellikle küfür etmeyi alışkanlık haline getiren bir kişiyi hatırlıyorum - yani, lanet olarak Tanrı'nın adını kullandı. Bir sabah, İsa'nın adına küfür ruhunu bağlayarak sandalyesine ellerimi koydum. Birkaç kez geçmesi gerekti, ancak sonunda arkasındaki kötü ruh daha büyük bir güce boyun eğmek zorunda kaldı ve lanet, adamın işyeri sözlüğünden kayboldu.

Ayrıca bir adamın dua etmek için bana geldiğini ve oradaki herkes küfür ettiği için Tanrı'nın onu iş yerinden çıkarmasını istediğini hatırlıyorum. Ben aksi bir görüşteydim: bu adam işyerini kutsamak ve atmosferi değiştirmek için oradaydı! Dünyamızı değiştirebiliriz.

Tanrı'nın insanlığı kutsamayı arzu ederken, bizim için - O'nun halkı, çocukları - insanlığı kutsamayı daha da çok arzuladığı görüşü oluşturdum. Ruhsal yetkiniz var. *Sen kutsa!*

Gökteki Babamız bizden istiyor Katıl, ileişbirliği O'nun kurtarıcı işinde O'nunla birlikte. İnsanlığı şifa ve kurtuluşla kutsayabiliriz ama aynı zamanda insanlığı sözlerimizle kutsayabiliriz. Biz Tanrı'nın dünyayı kutsamak için kullandığı insanlarız. Ne büyük bir ayrıcalık ve sorumluluk!

Bu yüzden benim için kutsama, Tanrı'nın amaçlarını insanların yaşamları veya durumları üzerinde sevgiyle, gözler açıkken, kasıtlı olarak, yetki ve güçle Kutsal Ruh'la dolu ruhumuzdan konuşmaktır. Basitçe söylemek gerekirse, nimet, kişi veya durum için Tanrı'nın niyetini beyan ederek inançla hareket etmektir. Tanrı'nın niyetini beyan ettiğimizde, O'nun şeyleri oldukları yerden olmalarını istediği yere değiştirme yeteneğini salıveririz.

Ve unutmayın – biz başkalarını kutsadığımız için kutsanmışızdır.

İkinci Bölüm:
Nasıl Yapılır?

Bazı Önemli İlkeler

Temiz Bir Ağzı Yaşam Tarzı Haline Getirin

Övgü ve sövgü aynı ağızdan çıkar. Kardeşlerim, bu böyle olmamalı. (Yakub 3:10).

Değerli sözler söylersen, Benim sözcüm olursun. (Yeremya 15:19)

İnsanlar üzerinde Tanrı'nın niyetlerini konuşmak istiyorsanız, o zaman değersiz veya değersizden daha kötü sözler söylemekten kaçınmanız gerekir.

Kutsal Ruh'a Ne Söyleyeceğini Sorun

Ruhunu harekete geçir (ibadet veya dillerle konuşarak). Kutsal Ruh'tan bunu hissetmenize izin vermesini isteyin.

Babanın kutsamak istediğin kişiye olan sevgisi. Şöyle bir dua edin:

Baba, ne söylenmesini istiyorsun? Lütfen bana bu kişi için bir kutsama sözü verin. Onu nasıl cesaretlendirebilir veya teselli edebilirim?

Şefaatten Farklı Olarak Nimet

Çoğu insan, nimetleri dile getirmeyi öğrenmenin oldukça zor olduğunu düşünür. Her zaman Baba'dan kutsamasını isteyerek 'arabuluculuk yapmaya' başlarlar. Bu yapılan iyi bir şey olsa da, bu şekilde söylenen bir nimet aslında bir duadır ve aradaki farkı bilmek önemlidir. Dua ve şefaatin yerini almaz, ancak onlara refakat eder - düzenli olarak bir arada bulunmaları gerekir.

Yazarlar Roy Godwin ve Dave Roberts kitaplarında *'The Grace Outpouring'* bunu çok iyi koy:

Kutsadığımızda, kişinin gözünün içine bakarız (durum buysa) ve doğrudan onunla konuşuruz veya o örneğin, 'Rab İsa'nın lütfu üzerinizde olsun diye sizi Rab'bin adıyla kutsuyorum' gibi bir şey söyleyebiliriz. Baba'nın sevgisi sizi sarsın

*ve doldursun diye sizi O'nun adıyla kutsuyorum;
O'nun sizi ne kadar tam ve eksiksiz olarak kabul
ettiğini ve sizin için sevindiğini en derininizde
bilesiniz diye.'*

*Kişi zamiri 'ben' dikkat edin. Doğrudan kişi
üzerinde İsa adına kutsama ilan eden benim.
Tanrı'ya bir kutsama için dua etmedim, ancak
İsa'nın insanları kutsaması için bize verdiği
yetkiyi kullanarak bir nimet söyledim, böylece O
gelip onları kutsasın.*

Yargılama

Birinin bir nimeti hak edip etmediğini yargılamayın.
Biri veya bir şey hakkında söylenen gerçek kutsama,
Tanrı'nın onları nasıl gördüğünü tanımlar. Tanrı'nın
odak noktası, onların o anda nasıl göründükleri
değil, olmaları gerektiği gibi olmalarıdır.

Örneğin, Tanrı Gidyon'u bir' (Hakimler 6:12), o
zamanlar başka bir şey değildi! İsa Petrus'u çağırdı
'kaynak' (Matta 16:18) diğer insanların ona olan

bağımlılığını taşımak için 'omuzlara' sahip olmadan önce. Dahası, okuyoruz, 'Tanrı... ölüleri diriltir ve var olmayan şeyleri de varmış gibi çağırır.(Romalılar 4:17). Bunu anlarsak, birinin bir nimeti hak edip etmediği konusunda 'yargılama' eğilimimizi ortadan kaldıracaktır daha az insan hak etmek nimet, daha çok ihtiyaçları var. Hak etmeyen insanları kutsayanlar, karşılığında en büyük nimeti alırlar.

Gösterilecek bir Örnek

İçkiyle sorunu olan Fred adında bir adam olduğunu hayal edin. Fred'in karısı ondan memnun değil, bu yüzden belki şöyle bir dua eder:'Tanrı Fred'i korusun. İçkiyi bırakmasını sağla ve beni dinle.' Ancak şöyle bir şey söylemek çok daha güçlü olurdu:

Fred, seni İsa'nın adıyla kutsuyorum. Tanrı'nın planları olsun hayatınız geçtiği için. Tanrı'nın amaçladığı adam, koca ve baba olabilirsin olmanız için. seni özgürlükle kutsuyorum bağımlılık. Seni Mesih'in esenliği ile kutsuyorum.

İlk kutsama, sorunu Tanrı'ya havale eder. Çaba gerektirmez – tembeldir. Aynı zamanda yargılayıcı ve kendini beğenmiş ve Fred'in günahlarına odaklanıyor.

İkinci kutsama daha fazla düşünce ve daha fazla sevgi gerektirir. Yargılayıcı değil ve Fred'in mevcut durumundan ziyade potansiyeline odaklanıyor. Geçenlerde birinin, Şeytan'ın ismimizi ve potansiyelimizi bildiğini ama bizi günahımızla çağırdığını, Tanrı'nın ise bizim günahımızı bildiğini ama bizi gerçek ismimizle ve potansiyelimizle çağırdığını söylediğini duydum. İkinci nimet, Tanrı'nın plan ve amaçlarına daha uygundur. Tanrı'nın kurtarıcı kalbini yansıtır. Unutma, Tanrı Fred'i sever.

Karşılaşabileceğimiz Farklı Durumlar

Ben bir nimet öğrencisiyim. Başladığımda, nasıl kutsayacağımı bilmiyordum ve bana yardımcı olacak pek bir şey bulamadım. Pek çok farklı türde durum olduğunu çok çabuk fark etmeye başladım, bu yüzden size aşağıdaki önerileri sunmak istiyorum. Bunları kendi özel durumunuzun ihtiyaçlarına ve Kutsal Ruh'un söylemenizi istediğine inandığınız şeye göre uyarlayabilirsiniz. Bu pratik yapacak, ama buna değer.

Seni Lanetleyenleri Kutsama

Yıllar önce, yeni istifa etmiş bir çalışan, bir kahve içmek ve veda etmek için evime geldi. İnançları Yeni Çağ çizgisindeydi - 'içteki tanrıça' ve benzerleri. Görüşme sırasında, çalıştığı ve ayrıldığı son iki şirketin daha sonra gittiğini söyledi parasız. O zamanlar çok uzun süredir Hristiyan değildim, ama yine de sözlerinin alevlenmek isteyen bir lanet olduğunu fark ettim. Birkaç saniye korku hissettim ve sonra aklımda bunu kabul etmeyi reddettim. Ama onu kutsamak için fazladan bir adım atmadım. Kalbimden geçeni dua etmek için ondan izin istedikten sonra şöyle bir şey söyleyebilirdim:

Deborah (gerçek adı değil), büyücülüğün hayatındaki etkisini bağlıyorum. Seni İsa'nın adıyla kutsuyorum. Allah'ın üzerinizdeki iyiliğini ilan ediyorum. Tanrı'nın yaşamınız için niyetleri gerçekleşsin... Armağanlarınızı kutsuyorum, gelecekteki işvereninizi kutsasınlar ve Tanrı'yı yüceltsinler. Tanrı'nın olmanızı istediği harika kadın olabilirsiniz. İsa adına, amin.

Seni İnciten veya Reddedenleri Kutsama

Bir keresinde kocası onu terk ettikten sonra duygusal ve maddi olarak zor durumda olan bir kadın için dua etmiştim. Onu affedip affedemeyeceğini sordum., bu zordu ama, kredisine göre, yaptı. Sonra ona sordum kocasını kutsayabilir. Biraz şaşırmıştı ama denemeye istekliydi. Kocası orada olmasa da, onu şu şekilde yönlendirdim:

Seni kutlarım kocam. Tanrı'nın hayatınız ve evliliğimiz için tüm planları gerçekleşsin. Tanrı'nın olmanızı istediği adam, koca ve baba olabilirsiniz. Tanrı'nın lütfu sizinle olsun. İsa Mesih adına, Amin.

Başlamak garipti, ama sonra Babanın kalbini tuttu ve Tanrı'nın meshettiği şey düştü. Kutsal Ruh ona hizmet ederken ikimiz de ağladık ve inanıyorum ki kocasına da. Tanrı'nın yolları bizim yollarımız değildir.

Bu tür durumlarda kutsamak çok cesurca ve görkemli.

Hak etmeyenleri kutsamak Tanrı'nın kalbidir – tabiri caizse O'nun uzmanlık alanıdır. İsa'nın yanında

çarmıha gerilmiş hırsızı veya zina yaparken
yakalanmış kadını düşünün. Ya sen ve ben?

Nimet 'dünya dışı'dır ve değildir incitici durumlarda
insanların doğal olarak yapmaya meyilli hissettikleri
bir şey. Ama bu Tanrı'nın yolu ve iyileştirebilir hem
nimeti yapan hem de alan nimet. Hayatınıza zarar
verebilecek acı, intikam, kırgınlık ve öfkeyi sona
erdirecektir.

Kısa süre önce Denis'ten aldığım bir e-posta:

*Yaklaşık, üç ay önce kardeşimle telefonda
konuşuyordum. Başka bir şehirde yaşadığı ve
çalıştığı için fazla iletişim kuramıyoruz.*

*Dostça sohbetimizi bitirmek üzereyken, karısıyla
yürüttüğü işi kutsamama izin verip vermeyeceğini
sordum. İyi cevap vermedi. Çok kabaydı ve beni
gerçekten üzen bazı şeyler söyledi ve ilişkimizin
kalıcı olarak zarar görüp görmediğini merak
ettim. Ancak takip eden günlerde ve haftalarda,
günlük hayatıma devam ederken, kardeşimin*

*işlerinde Tanrı'nın lütfunu söylemek için
kutsamanın müthiş gücünün ilkelerini kullandım.
Bazen bu ikisini yaptım günde üç defaya kadar.
Sonra, üç ay sonra, Noel'den bir gün önce,
kardeşim hiçbir şey olmamış gibi beni aradı. Çok
arkadaş canlısı tavrına oldukça şaşırdım ve
aramızda hiçbir kırgınlık yoktu*

*Kontrolümüz dışındaki koşulların kutsanmasının
müthiş gücü gerçekten işe yarıyor... Rab'bi övün!*

Seni Kışkırtanları Kutsamak

Bazılarımız için en sinir bozucu şeylerden biri, insanların trafikte bencil, düşüncesiz veya düpedüz hilekar şeyler yapmasıdır. Bu her zaman olur. İsa'ya ait olmayan sözler aklımıza gelebilir ve bir anda ağzımızdan çıkabilir. Bu olduğunda, Tanrı'nın yarattığı ve Tanrı'nın sevdiği birini lanetliyoruz. Tanrı o kişiyi çok iyi savunabilir.

Bir dahaki sefere bu olduğunda, öfkeli sözler söylemek yerine diğer sürücüyü kutsamayı deneyin:

*Bana iyilik yapmayan o genci kutsuyorum. Aşkını
ilan ediyorum onu, Tanrım. Senin iyiliğini onun
üzerine salıyorum ve Onun hayatı için tüm
niyetleriniz. bu gençliği kutsadımadam ve ben
onun potansiyelini ortaya çıkarıyoruz. Güvenli bir
şekilde evine dönebilir ve ailesine bir nimet
olabilir. İsa'nın adına, amin.*

Veya daha az resmi olarak:

Baba, o arabanın sürücüsünü İsa'nın adıyla
kutsuyorum. Aşkınız onu takip etsin ve onu
yakalayıp tutuklasın!

Okurlarımdan biri ilginç bir gözlemde bulundu:

*Farkettiğim şey, nimetin beni değiştirdiği. Beni
kızdıran insanları kutsamazdım, onlar için kötü
düşünürdüm ama bu yanlış. bu yüzden nimetten
gelecek güzel sonuçları arıyorum...Jilian*

Bir zamanlar, bir mirasla ilgili bir aile anlaşmazlığı
yüzünden beni dua etmeye davet eden John adında
bir arkadaşım vardı. Anlaşmazlık uzayıp gidiyordu

son derece tatsız. Dua etmek yerine durumu kutsamayı önerdim.

> *İsa'nın adına bu miras üzerindeki bu anlaşmazlık durumunu kutsuyoruz. Bölünmeye ve çekişmeye karşı geliyoruz ve adalet ve uzlaşma istiyoruz Bu durumu kutsadıkça, kendi düşüncelerimizi ve arzularımızı bir kenara bırakırız ve Tanrı'yı mirasın paylaşımı için amaçlarını harekete geçirmesi için serbest bırakırız. İsa adına, amin.*

Birkaç gün içinde mesele dostane bir şekilde çözüldü.

Başka bir okuyucumun söylediklerini çok beğendim:

Başkalarını kutsamada gördüğüm hızlı 'tepki süresi' beni şaşırttı. Sanki Rab biz istersek, üzerlerine bereket dualarını salıverirsek, insanlara sevgiyle atılmaya hazır gibi. Pastor Darin Olson, Kavşak Şehri, Oregon Nazarene Kilisesi

Nimet gerçekten dünyamızı değiştirebilir.

Kendimize Lanet Etmek Yerine Kutsama

Lanetleri Tanımak ve Kırmak

Şu düşünceler ne kadar yaygındır: 'Çirkinim, aptalım, beceriksizim, ağır zekalıyım, kimse beni sevmiyor, Tanrı beni asla kullanamaz, ben günahkârım...'? O kadar çok yalan var ki Şeytan bizi inandırıyor.

Bunu sürekli yapan bir arkadaşım var ve bu beni üzüyor. 'Ah, seni aptal kız, Rose (gerçek adı değil). Yine ortalığı karıştırdın. Hiçbir şeyi doğru yapamıyorsun...'

Bu lanetleri tekrarlamayın veya kabul etmeyin! Bunun yerine, kendinizi kutsayın.

Belirli bir dua grubu durumunu hatırlıyorum. Dua etmeye gelen bir hanımefendi üzerinde bir değersizlik ruhu sezdim. Dua ederken, 'Ben aptalım' dedi. Bunu nereden duyduğunu sordum.

Ailesinin onun yerine söylediğini söyledi. Ne kadar üzücü.

Onu şu satırlar boyunca yönlendirdim:

İsa'nın adıyla, ailemi bağışlıyorum. Kendimi affediyorum. Ailemin ve benim üzerimde konuştuğum sözleri bozuyorum. Mesih'in zihnine sahibim. Ben zekiyim.

Özetle reddedilme ve değersizlik ruhlarını reddettik ve sonra onu kutsadım ve onun Tanrı'nın prensesi olduğunu, O'nun için değerli olduğunu, Tanrı'nın onu başkalarını kutsamak, duygusal şifa ve umut getirmek için kullanacağını ilan ettim diğerleri. Onu cesaretle kutsadım.

Yavaş yavaş bu nimeti özümsedi. Parlamaya başladı. Ertesi hafta, bunun kendisine ne kadar iyi geldiğini anlattı. Gerçekten dünyamızı değiştirebiliriz.

Bunu herkes yapabilir. İncil, Tanrı'nın insanlar için niyetleriyle doludur ve bu niyetleri onlar üzerinde ilan edebiliriz.

Birinin Ağzını Kutsamak

Değerli olanı söylemek için ağzımı kutsuyorum ve değersiz olanı değil ve Rabbin gibi olmak ağız.
(Yeremya 15:19'a dayanarak)

İsa'nın mucizelerinin çoğu sadece konuşarak başarıldı. Örneğin, 'Git, oğlun yaşayacak ' *(Yuhanna 4:50).* Bunu istiyorum. Bu yüzden ağzımı kutsuyorum ve ağzımdan çıkanı koruyorum.

Eşim ve ben bir zamanlar Noumea'da bir otelde kalıyorduk. Gece boyunca neredeyse durmadan ağlayan bir bebek duyabiliyorduk. Birkaç gece bundan sonra karım bitişikteki güverteye çıktı ve anneye sorunun ne olduğunu sordu. Kadın bilmiyordu ama doktorun bebeğe üçüncü antibiyotik partisi verdiğini ve hiçbir şeyin işe yaramadığını söyledi. Karım ona bebek için dua edip

edemeyeceğimi sordu ve şüpheyle de olsa kabul etti.
Bu yüzden, ortalama Fransızcamla, bebek için dua
ettim ve çocuktan 'bebek gibi uyuyacağına' inanarak
konuştum. Ve o yaptı.

Birinin Aklını Kutsamak

Sık sık söylerim,

*Aklımı kutsadım; Mesih'in zihnine sahibim. Bu
yüzden O'nun düşüncelerini düşünüyorum. Aklım,
Kutsal Ruh 'un yaşamaktan memnun olduğu kutsal
bir yer olsun. İlim, hikmet ve vahiy sözlerini alsın.*

Zaman zaman düşüncelerimin saflığıyla
boğuşuyorum ve bunun yardımcı olduğunu
düşünüyorum. Ayrıca hayal gücümü de kutsuyorum,
kötü için değil, iyilik için kullanılsın. Geçen gün
hayal gücümde biraz zorluk çekiyordum- gitmesini
istemediğim her türlü yere giriyordu- ve Tanrı bana
söyledi, 'İsa'nın mucizelerini yaptığını hayalinizde
görün... sonra kendinizi onları yaparken görün. 'Çok
daha fazlasını buldum iyi bir şey hakkında

düşünmek için etkili *(Filipililere 4:8)* hakkında düşünmemeyi düşünmek yerine bir şey!

Bir keresinde düşünce hayatımdaki bir başarısızlığa üzüldüğümde, kalbimde eski bir ilahinin sözleri köpürdü:

Sen benim görüşüm ol, ey gönlümün Rabbi, gündüz ve gecenin en güzel düşüncesi olduğun için, yürüsem de uyusam da. Varlığın benim ışığım.

Vücudumuzu Kutsamak

Şu ayete aşina mısınız: 'İç ferahlığı sağlık getirir '(Süleyman'ın Özdeyişleri 17:22)? Mukaddes Kitap bedenlerimizin olumlu söz ve düşüncelere tepki verdiğini söylüyor:

Bedenimi kutsuyorum. Bugün kendimdeki zayıflığı kırıyorum. Fiziksel sağlığımı kutsuyorum.

Bir keresinde ciddi bir kalp sorunu olan bir adamla ilgili bir video izlemiştim ameliyatı bloke olmuştu. Yaklaşık üç ay boyunca atardamarlarını kutsadı ve

onların harika bir şekilde yapıldığını ilan etti.
Doktora döndüğünde, mucizevi bir şekilde yeni bir
baypas geçirdiği keşfedildi!

Bunu cildim için deneyeceğimi düşündüm.
Gençliğimden gelen güneş hasarı ile ilgili bir
sorunum vardı. Şimdi yaşlılığımda, omuzlarımda ve
sırtımda küçük büyümeler çıkıyordu. Cildimi
kutsamaya karar verdim. İlk başta onu İsa'nın adıyla
kutsadım. Ama sonra derinin doğası hakkında bakış
açımı değiştiren bir şey okudum. Ben onunla kaplı
olmama rağmen vücudumdaki en büyük organ
hakkında pek bir şey bilmediğimi fark ettim. Ben
bahsetmiştim ama hiç konuşmamıştım. Ve bu
konuda iyi bir şey söylediğimden şüpheliyim- bunun
yerine şikâyet ettim- nankörlük ettim.

Ama cilt harika. Klima ve sanitasyon sistemidir.
Vücudu istilacı mikroplardan korur ve kendini
iyileştirir. Tüm iç parçalarımızı kaplar ve korur ve
bunu çok güzel yapar.

Cilt için Tanrıya şükür- kırışıklıklar ve hepsi. Seni korusun, cilt.

Aylarca süren bu tür bir kutsamadan sonra, cildim şimdi neredeyse iyileşti, ancak anahtar, bunun için minnettar olmaya ve şükretmeye başladığım zamandı. Korkunç ve harika bir şekilde yapılmıştır. Gerçekten de gerçek bir ders. Şikâyet, Tanrı'nın Krallığını geri çevirir; şükretmek onu cezbeder.

İşte arkadaşım David Goodman'ın bir ifadesi:

Birkaç ay önce Richard'ın kutsama konusunda vaaz verdiğini duydum. Kutsamanın Tanrı'dan istediğimiz bir şey olması gerekmiyor, ancak biz Hıristiyanlar olarak bu düşmüş dünyaya çıkma ve Mesih'in elçileri olarak diğer bireylerin yaşamları üzerinde bir etki yaratma sorumluluğu olmasa bile yetkiye sahibiz Tanrı'nın Krallığı. Dışarı çıkıp onları yaşamlarında kutsayabilir ve aynı zamanda onlara Mesih'i ifşa edebiliriz.

Bu fikir başkalarını kutsamayı düşündüğümüzde iyi görünüyor ama kendimi kutsamak zorunda

*kaldığımda bu bir meydan okumaydı. Layık
olmadığım, bencil olduğum,ve Tanrı'yı hafife aldığımı
düşüncesinden kurtulamıyordum. Hristiyanlar olarak
yeni bir yaratık olduğumuzu, yeniden doğduğumuzu
ve Tanrı'nın bizim için planladığı bir amaç için
yaratıldığımızı görünce fikirlerim değişti. Bu
durumda, şimdi sahip olduğumuz beden, değer
vermemiz ve bakmamız gereken bir bedendir - ne de
olsa şimdi bizler Kutsal Ruh'un konutu için bir
tapınağız.*

*Fiziksel ve zihinsel olarak çok daha iyi hissettiğim
için, düşüncelerimi birkaç aydır alt kolumda
hissettiğim bir ağrıya çevirdim - kemikteymiş gibi
görünen ve en azından düzenli olarak ovuşturulması
gereken bir ağrı sürekli zonklamayı kısmen rahatlatır.
Bu alana odaklandım, bedenimi iyileştirme yetenekleri
için, ona karşı atılan şeylerin üstesinden gelme azmi
için, diğer kısımların onarımları yapılırken diğer
kısımların verebileceği destek için övdüm. Sadece üç
hafta sonra bir sabah uyandım ve kolumda artık ağrı
hissetmediğimi fark ettim; ağrının tamamen ortadan
kalktığını ve geri dönmediğini.*

Anladım ki kesinlikle bir zaman varken ve başkalarının yararına inanç yoluyla uygulanacak şifa armağanının yeri, ayrıca bireyler olarak kendi içimizde şifa armağanını meşgul etmek için bize açık başka bir yol daha vardır. Tanrı'nın yeni bedenlerimize verdiğine güvenebileceğimiz, yeni ve canlı bir yaşam yolunda güvenle ilerleyebileceğimiz bir alçakgönüllülük dersidir.

Kutsamaya cevaben birçok fiziksel iyileşme tanıklığı aldım. bunları şurada bulabilirsin www.richardbruntonministries.org/testimonies.

Evinizi, Evliliğinizi ve Çocuklarınızı Kutsamak

Eviniz – Tipik Ev Kutsaması

Evinizi kutsamak ve bu nimeti yılda en az bir kez yenilemek iyi bir fikirdir. Yaşadığınız yeri kutsamak, basitçe, o yeri Rab'be adamak ve adamak için Mesih İsa'daki ruhsal yetkinizi kullanmayı içerir. Kutsal Ruh'u gelmeye davet ediyor ve Tanrı'dan olmayan her şeyi gitmeye zorluyor.

Bir ev sadece tuğla ve harçtan ibaret değildir - aynı zamanda kişiliği de vardır. Artık evinize yasal erişiminiz olduğu gibi, sizden önce başka birinin ona veya mülkünüze yasal erişimi vardı. O yerde kutsama veya lanet getiren şeyler olmuş olabilir. Ne olmuş olursa olsun, buseninruhani atmosferin bundan sonra nasıl olacağını belirleyen otoritedir. Geçmişteki sahiplikten hala şeytani bir faaliyet varsa, muhtemelen bunu hissedeceksiniz ve bu güçleri kovmak size kalmış.

Tabii ki, hangi şeytani güçlerin farkında olmadan evinize erişmesine izin verdiğinizi de göz önünde bulundurmalısınız. Tanrıya uymayan tablolarınız, eserleriniz, kitaplarınız, müziğiniz veya DVD'leriniz var mı? Hangi TV programlarına izin veriyorsunuz? Evinizde günah var mı?

Evinizde oda oda dolaşırken yapabileceğiniz basit bir nimet:

Bu evi, evimizi kutsadım. Bu evin Tanrı'ya ait olduğunu beyan ederim, onu Tanrı'ya adadım ve onu İsa Mesih'in Rab'binin altına koydum. O bir nimet evidir.

Bu evdeki her laneti İsa'nın kanıyla bozuyorum. İsa adına her iblis üzerinde yetki alıyorum ve onlara şimdi gitmelerini ve asla geri dönmemelerini emrediyorum. Her türlü çekişme, bölünme ve anlaşmazlık ruhunu kovuyorum. Yoksulluk ruhunu kovdum.

Kutsal Ruh gel ve Sana ait olmayan her şeyi çıkar. Bu evi varlığınla doldur. Meyven gelsin: sevgi, sevinç, esenlik, nezaket, sabır, iyilik, yumuşak huyluluk, sadakat ve özdenetim. Bu evi taşan barış ve bol sevgi ile kutsuyorum. Buraya gelen herkes senin varlığını hissetsin ve kutsansın. İsa adına, amin.

Mülkümün sınırlarını dolaştım, onu kutsadım ve mülkün ve içindeki insanların her kötülükten ve doğal afetlerden korunması için İsa Mesih'in kanını ruhsal olarak uyguladım.

Evliliğin

Kutsadığımız türden bir evliliğimiz var ya da lanetlediğimiz türden bir evliliğimiz var.

Bu açıklamayı ilk okuduğumda *Kutsamanın Gücü* (The Power of Blessing) Kerry Kirkwood tarafından, biraz sarsılmış oldum. Bu doğru mu?

Bunu hakkında çok düşündüm ve bu sözlerin büyük ölçüde doğru olduğuna inanıyorum çünkü evliliğimiz veya çocuklarımızla ilgili herhangi bir mutsuzluk, onları kutsamamamızdan kaynaklanmaktadır! Bereketle, uzun ömür ve sağlıklı ilişkiler de dahil olmak üzere, Tanrı'nın bize yönelik iyiliğini tam olarak alırız.

Küfürlere dikkat edin. Karı kocalar birbirlerini çok iyi tanırlar. Tüm sıcak düğmeleri biliyoruz. Böyle bir şey söyler misin? Bu tür şeyler senin için hiç söylendi mi? 'Hiç dinlemiyorsun', 'Hafızan çok kötü'. 'Yemek yapamıyorsun', 'Umutsuzsun...' Bu tür sözler yeterince sık söylenirse küfür olur ve gerçek olur.

Lanet etme, şükret. Unutma, eğer lanet edersen (ölüm sözlerini söylersen), Tanrı'nın senin için istediği kutsamayı miras alamazsın. Daha da kötüsü, küfür etkilerbiz lanetlediğimizden daha fazla. Duaların kabul edilmemesinin bir nedeni bu olabilir mi?

Kutsamayı öğrenmek yeni bir dil öğrenmek gibi olabilir- ilk başta garip. Örneğin,

Nicole, seni Baba, Oğul ve Kutsal Ruh adına kutsuyorum. Tanrı'nın tüm iyiliğini üzerinize salıyorum. Tanrı'nın hayatınız için niyetleri gerçekleşsin.

İnsanlarla tanışma ve sevme armağanını, sıcak konukseverlik armağanını kutsuyorum. İnsanları rahatlatma hediyenizi kutlarım. Tanrı'nın ev sahibi olduğunu, insanları O'nun istediği gibi kabul

*ettiğini beyan ederim. Son yıllarında bile bunu
yapmaya devam etmen için seni enerjiyle
kutsuyorum. sağlık ve uzun ömürler dilerim. Seni
sevinç yağıyla kutsuyorum.*

Çocuklarınızın:

Bir çocuğu kutsamanın birçok yolu vardır. Dört yaşındaki torunumu şöyle kutsuyorum:

*Ashley, hayatını kutsuyorum. Tanrı'nın harika bir
kadını olabilirsin. Aklınızı sağlam tutmanız ve tüm
kararlarda bilgelik ve anlayışa sahip olmanız için
kutsuyorum. Kalman için vücudunu kutsuyorum
evliliğe kadar saf, sağlıklı ve güçlü olmak.
Tanrı'nın yapmanızı planladığı işi yapmak için
ellerinizi ve ayaklarınızı kutsuyorum ağzına sağlık.
Doğru ve cesaret verici sözler söylesin. Kalbini
Rab'be sadık olduğun için kutsuyorum. Müstakbel
kocanızın ve gelecekteki çocuklarınızın
yaşamlarını zenginlik ve birlik ile kutsuyorum.*

Seninle ilgili her şeyi seviyorum Ashley ve baban olmaktan gurur duyuyorum.

Tabii ki, bir çocuk bir alanda mücadele ediyorsa, onu uygun şekilde kutsayabiliriz. Okulda öğrenmeyi zor buluyorlarsa, dersleri hatırlamaları ve öğretimin arkasındaki kavramları anlamaları için zihinlerini kutsayabiliriz; eğer zorbalığa maruz kalıyorlarsa, onları bilgelik ve boy açısından ve Tanrı'nın ve diğer çocukların lehinde büyümeleri için kutsayabiliriz; ve benzeri.

Tanrı'nın harika bir kadınıyla torunu hakkında konuştuğumu hatırlıyorum. Onun hakkında söylediği her şey hatalarına, asi tutumuna ve okulda yaşadığı davranış sorunlarına odaklandı. Onu düz ve dar bir yola sokmak için bir kampa gönderilmişti ve çok rahatsız edici olduğu için tekrar eve gönderilmişti.

Bir süre dinledikten sonra kadına, torunundan bahsederken farkında olmadan torununa küfrettiğini, sözleriyle onu hapsettiğini öne sürdüm. Bu yüzden olumsuz konuşmayı bıraktı ve bunun yerine kasıtlı olarak onu kutsadı. Çocuğun dedesi olan kocası da aynısını yaptı. Birkaç gün içinde çocuk tamamen değişti, kampa geri döndü ve gelişti. Kutsamanın müthiş gücüne hızlı bir yanıt hakkında konuşun!

Bir babanın çocuklarına verebileceği en güzel şeylerden biri de bir baba lütfudur. Bunu şuradan öğrendim *Babanın nimeti (The Father's Blessing)* Frank Hammond, harika bir kitap. Bir babanın kutsaması olmadan her zaman bir şeylerin eksik olduğu duygusu vardır - başka hiçbir şeyin dolduramayacağı bir boşluk yaratılır. Babalar, çocuklarınıza ve diğer aile bireylerine (örneğin elinizi başlarına veya omuzlarına koyun) elinizi uzatın ve onları sık sık kutsayın. Tanrı'nın hem sizin hem de onlar için yapacağı iyi şeyleri keşfedin.

Bu mesajı paylaştığım her yerde yetişkin erkeklere ve kadınlara, 'Burada şimdiye kadar kaç kişinin baba üzerlerine el koyup onları kutsasın mı?' Çok az insan elini kaldırır. Sonra soruyu tersine çeviriyorum: 'Burada kaç kişi var aslababaları üzerlerine ellerini koyup onları kutsamış mıydı?' Hemen herkes elini kaldırıyor.

Sonra, Kutsal Ruh'un gücüyle, onları asla sahip olmadıkları kutsama ile kutsayabilmem için, o anda onlara manevi bir baba – bir yedek – olmama izin verip vermeyeceklerini soruyorum. Yanıt ezici oldu: gözyaşı, kurtuluş, sevinç, şifa. Harika!

Benim gibi bir babanın kutsamasını özlüyorsan, o zaman şunu yüksek sesle kendin söyle. Frank Hammond'ın kitabından uyarladığım bir nimet.

Bir Babanın Nimeti

Seni seviyorum çocuğum Sen Özelsin. Sen bana Tanrı'nın bir hediyesisin. Sana baba olmama izin verdiği için Tanrı'ya şükrediyorum. Seni seviyorum ve seninle gurur duyuyorum.

Söylediğim ve yaptığım, seni inciten şeyler için beni affetmeni istiyorum. Ve yapmadığım şeyler için ve asla söylemediğim, duymak istediğini söylediğim sözler için.

Takip eden her laneti kırıyorum sen benim günahlarımdan, annenin günahlarından ve atalarımızın günahları. Tanrı'ya şükrediyorum ki, İsa çarmıhta bir lanet oldu ki, bizler her lanetten kurtulup kutsamaya girebilelim.

Kalbinizdeki tüm yaraların iyileşmesini kutsuyorum, çektiğiniz reddedilme, ihmal ve istismar yaraları. İsa adına, senin hakkında söylenen tüm zalim ve haksız sözlerin gücünü kırıyorum.

Seni sadece Barış Prensi'nin verebileceği dolup taşan barışla kutsuyorum.

Hayatınızı bereketle kutsuyorum: iyi meyve, bol meyve ve kalan meyve.

Başarı ile kutlarım. Sen kuyruk değil başsın; yukarıdasın, aşağıda değilsin.

Tanrı'nın sana verdiği armağanları kutsuyorum. İyi kararlar vermeniz ve Mesih'teki potansiyelinizi tam olarak geliştirmeniz için sizi

bilgelikle kutsuyorum.Başkaları için bir nimet olmanızı sağlayan, taşan bir refahla sizi kutsuyorum.

Seni ruhsal etki ile kutsuyorum, çünkü sen dünyanın ışığı ve dünyanın tuzusun.

Seni derin bir ruhsal anlayış ve Rabbin ile yakın bir yürüyüşle kutsuyorum. Tökezleyip sen etmeyeceksin, çünkü Tanrı'nın Sözü ayaklarına çıra, yoluna ışık olacak.

Kadınları/erkekleri İsa'nın yaptığı gibi görmenizi kutsuyorum.

Kiri değil, insanların içindeki altını görmenizi, çekmenizi ve kutlamanızı kutsuyorum.

Tanrı'yı işyerinde salıvermeniz için sizi kutsuyorum - sadece tanıklık etmek ya da iyi bir karaktere örnek olmak için değil, aynı zamanda işinizin mükemmelliği ve yaratıcılığıyla Tanrı'yı yüceltmek için de.

Seni iyi arkadaşlarla kutsuyorum. Tanrı'nın ve insanın yanında lütfun var.

Sizi, Tanrı'nın lütfunu başkalarına hizmet edeceğiniz, bol ve taşan bir sevgi ile kutsuyorum. Tanrı'nın tesellî edici lütfunu başkalarına hizmet edeceksiniz. Sen mübareksin çocuğum! Mesih İsa'da tüm ruhsal kutsamalarla kutsandınız. Amin!

Bir Babanın Nimetinin Değerine İlişkin Tanıklıklar

Babamın kutsamasıyla değiştim. Doğduğumdan beri böyle bir mesajın vaaz edildiğini hiç duymamıştım. Şu an bulunduğum yere kadar hayatım hakkında konuşacak biyolojik bir babam hiç olmadı. Tanrı seni, dua etmem gereken bir noktaya getirmek için seni kullandı Richard. Babadan oğula bir kutsama bıraktığında, kalbim

*rahatladım ve şimdi mutlu ve kutsanmış
durumdayım. – Pastör Wycliffe Alumasa, Kenya*

Depresyondan çıkmam uzun ve zor bir
yolculuktu. Geçmişimi iyileştirmek kilit nokta
oldu ve hiçbir şey babamı affetmekten daha
önemli bir adım değildi - sadece geçmişte yaptığı
incitici şeyler için değil, daha çok yapmadığı
şeyler için. Babam bana beni sevdiğini hiç
söylemedi. Duygusal bir blokajı vardı.
Söyleyecek sevgi dolu, şefkatli, duygusal sözler
bulamıyordu ve ruhumda onları duymak için can
atıyordum.

Affetme ve içsel iyileşme yolculuğum boyunca
depresyonum ortadan kalkmış olsa da, hala bazı
fiziksel semptomlar taşıyordum. En büyüğü
irritabl bağırsak sendromuydu. Doktorumdan
bana, bir çare sağlamak yerine semptomları
yönetmek olduğu söylenen, ancak çok az etkisi
olan ilaçlar ve bir diyet verilmişti.

Bir arkadaşım, Richard, bana babanın
kutsaması ve insanların aldığı tepkiler hakkında
hikayeler. Ruhumda bir şey bu fikri yakaladı.
Babamı bıraktığı boşluk için bağışlamış olsam
da, aslında boşluğu doldurmamış ya da ruhumun
özlemini tatmin etmemiş olduğumun farkına
vardım.

*Ve böylece oldu. Bir sabah bir kafede, kahvaltıda
Richard, babamın dolduramadığı pabuçlara
adım attı ve beni bir oğul olarak kutsadı. Kutsal
Ruh üzerime düştü ve bütün gün benimle kaldı.
Güzel bir deneyimdi ve ruhumun ağlayan kısmı
huzur içindeydi.*

*Ancak beklenmedik bir sonuç, irritabl bağırsak
sendromu semptomlarımın tamamen durmasıydı.
İlaçlarım ve doktorun diyeti çöpe gitti. Ruhum
özlemini duyduğu şeyi aldığında, bedenim de
iyileşti. – Ryan*

*Konuştum ve 'Baba'nın kutsamasını' kendimden
okudum. Zar zor çıkarabildim – sadece ağladım*

ve ağladı ve Rab'bin beni iyileştirdiğini hissettim. Kendi babam sadece beni lanetlemiş ve ölene kadar benim hakkımda olumsuz konuşmuştu. Bir şekilde kurtulduğumu hissettim. - Mandy

Baba'nın Kutsaması, söylediğim her yerde önemli bir etki yarattı. www.richardbruntonministries.org/testimonies adresinde bir dizi tanıklığı okuyabilir ve www.richardbruntonministries.org/resources adresinde Baba'nın Nimetinin videosunu izleyebilirsiniz.

Peygamberlik Yaparak Başkalarını Kutsamak

Başlamanıza yardımcı olacak örnekler vermiş olsam da, Kutsal Ruh'tan Tanrı'nın ağzı gibi olmanıza, Tanrı'nın özel niyetini veya 'mevsimdeki bir kelimeyi' (doğru zamanda doğru kelime) bildirip salıvererek size yardım etmesini istemek iyidir. Durum izin veriyorsa, dillerde dua ederek veya ibadet ederek ruhunuzu harekete geçirin.

Yukarıdaki çeşitli modelleri kullanarak başlayabilirsiniz, ancak Kutsal Ruh'un sizi yönlendireceğine güvenin. Onun kalp atışlarını

dinleyin. Durarak başlayabilirsin, ama yakında Rab'bin kalbini yakalayacaksın.

İş Yerinizi Kutsamak

Bölüm 1'e geri dönün ve verdiğim örneği kendi deneyimlerimden kendi koşullarınıza göre uyarlayın. Tanrı'nın size gösterdiğine açık olun - O, bakış açınızı değiştirebilir. Kutsama bir tür sihirli büyü değildir. Örneğin Allah, insanlara ihtiyaç duymadıkları veya istemedikleri şeyleri satın almaz. Allah tembelliği ve sahtekârlığı da mübarek kılmaz. Ama eğer O'nun şartlarını yerine getirirseniz, o zaman işinizi kutsamalısınız - ki Tanrı, onu şimdi olduğu yerden, olmasını istediği yere götürmenize yardım etsin. O'nun öğüdünü veya size gönderdiği kişilerin öğüdünü dinleyin. Açık ol. Ama aynı zamanda O'nun lütfunu da bekleyin, çünkü sizi seviyor ve başarılı olmanızı istiyor.

Ben Fox'tan şu ifadeyi aldım:

Emlak sektöründeki özel işim son birkaç yılda değişiklikler geçirdi ve işimde önemli bir düşüş yaşandı. İşlerim için dua etmek için birkaç kişiye gitmiştim çünkü iş yüküm endişeli ve kaygılı bir noktaya geliyordu.

Aynı zamanda, 2015'in başlarında şunu duydum:

Bay Brunton, kişinin işini, ailesini ve diğer alanlarını kutsaması hakkında bir dizi mesaj vaaz ediyor. O zamana kadar dualarımın odak noktası Tanrı'dan bu alanlarda bana yardım etmesini istemekti. Kendimize bir nimet konuşma fikri bana öğretilmedi, ama şimdi İncil boyunca yazıldığını görebiliyorum ve Tanrı'nın bizi çağırdığını ve bize İsa adına bunu yapmamız için yetki verdiğini biliyorum. Böylece işimi kutsamaya başladım - onun üzerine Tanrı'nın sözünü söylemeye ve bunun için Tanrı'ya şükretmeye. Her sabah işimi kutsamakta ısrar ettim ve ayrıca yeni işler için

*Tanrı'ya şükrederek, O'ndan bana yardım
edebileceğim müşteriler göndermesini istedim.*

*Önümüzdeki on iki ay boyunca iş yoğunluğu
önemli ölçüde arttı ve o zamandan beri, bazen
yoluma çıkan iş miktarını halletmek için çok
zorlandım. Tanrı'yı günlük görevlerimize dahil
etmenin bir yolu olduğunu öğrendim ve işimizi
kutsamak Tanrı'nın bizi yapmamızı istediği şeyin
bir parçası. Bu nedenle, tüm krediyi Tanrı'ya
veriyorum. Ayrıca Kutsal Ruh'u iş günüme davet
etmeye başladım, bilgelik ve Yaratıcı fikirler.
Özellikle, Kutsal Ruh'tan işimin verimliliği
konusunda bana yardım etmesini istediğimde,
genellikle işi beklenen zamandan çok önce
bitirdiğimi fark ettim.*

*Bana öyle geliyor ki, kutsamanın öğretisi ve nasıl
yapılacağı, konuştuğum diğer Hıristiyanlar bunun
farkında olmadığı için birçok kilise tarafından
unutulmuş. İşimi kutsamak, başkalarını kutsamak
gibi, artık günlük bir alışkanlık haline geldi.*

Ayrıca, Tanrı'nın Sözü ve İsa'nın adıyla uyumlu olduğunda, insanlarda meyveyi ve kutsadığım şeyleri görmeyi dört gözle bekliyorum.

Bir Topluluğu Kutsama

Burada, faaliyet gösterdiği toplumu kutsayan bir kilise veya benzeri bir organizasyon düşünüyorum.

Topluluk halkı, Tanrı'yı tanımak, bilmek için sizi İsa adına kutsarız. O'nun yaşamınız için amaçları ve O'nun her birinize, ailelerinize vehayatınızın tüm durumları.Toplumdaki her haneyi kutsarız. Her evliliği kutsarız ve kutsarız aile üyeleri arasındaki ilişkiler farklı nesiller.

Sağlığınızı ve zenginliğinizi kutlarız. Ellerinizin emeğini kutlarız. Dahil olduğunuz her sağlıklı girişimi kutlarız.

Okullarınızdaki öğrencileri kutsuyoruz; öğrenmeleri ve kendilerine öğretilenleri anlamaları için onları kutsuyoruz. Bilgeliklerinde, boylarında ve Tanrı'nın ve insanların lehinde gelişsinler. Öğretmenleri kutsar ve okulun, Tanrı'ya ve İsa'ya inancın rahatça öğretilebileceği güvenli ve sağlıklı bir yer olması için dua ederiz.

Bu topluluktaki tüm insanların kalpleriyle konuşuyoruz. Kutsal Ruh'un sevgisine açık olmaları ve Tanrı'nın sesine giderek daha fazla yanıt vermeleri için onları kutsuyoruz onları burada kilisede.

Açıkçası, bu tür bir kutsama, belirli topluluk türü için özelleştirilmelidir. Eğer bir çiftçi topluluğuysa, toprağı ve hayvanları kutsayabilirsiniz; işsizliğin yaygın olduğu bir topluluksa, yerel işletmeleri iş yaratmaları için kutsayın. Nimetleri ihtiyaca hedefleyin. Bunu hak edip etmediklerini merak etmeyin! İnsanlar nimetin nereden geldiğini kalplerinde hissedecekler.

Araziyi Kutsamak

Tekvin'de Tanrı insanlığı kutsadığını, onlara yeryüzüne ve tüm canlılara hakimiyet verdiğini, onlara verimli olmalarını ve çoğalmalarını emrettiğini görüyoruz. Bu, insanlığın orijinal görkeminin bir yönüydü.

Geçenlerde Kenya'dayken sokak çocuklarını alıp onlara tarımı öğreten bir misyonerle tanıştım. Bana topraklarının

lanetli olduğunu, çünkü üzerinde hiçbir şey
büyümeyeceğini iddia eden bir Müslüman topluluğun
hikayesini anlattı. Misyoner arkadaşım ve onun Hıristiyan
topluluğu toprağı kutsadı ve bereketli oldu. Bu, Tanrı'nın
kutsama yoluyla açığa çıkan gücünün dramatik bir
gösterisiydi.

Kenya'dayken, kilisemizin desteklediği yetimhanenin her
yerini gezdim, meyve bahçelerini, bahçelerini,
köpeklerini ve ineklerini kutsadım. (Kendi meyve
ağaçlarımı harika sonuçlarla kutsadım.)

Geoff Wiklund, Filipinler'de ciddi bir kuraklığın ortasında
bir kilise arazisini kutsayan bir kilisenin hikayesini
anlatıyor. Toprakları yağmur alan tek yerdi. Komşu
çiftçiler, kilise arazisini çevreleyen hendeklerden
pirinçleri için su toplamaya geldiler Bu, Tanrı'nın
lütfunun kutsama yoluyla serbest bırakıldığı bir başka
olağanüstü mucizedir.

Rabbi Kutsamak

Bunu sona bırakmış olsam da, gerçekten önce gelmeli.
Ancak bunu sona erdirmemin nedeni, 'biri veya bir şey

üzerinde Tanrı'nın niyetini veya lütfunu söylemek' modeline uymamasıdır. Aksine, 'mutlu etme' fikridir. Tanrı'yı nasıl kutsayacağız? Bunu yapmanın bir yolu

Mezmur 103'te gösterilmiştir:

RAB'be övgüler sun, ey gönlüm……İyiliklerinin hiçbirini unutma.

Rab'bin ruhlarımıza faydaları nelerdir? O affeder, iyileştirir, kurtarır, taçlandırır, tatmin eder, yeniler…

Tanrı'yı her gün içimde ve benim aracılığımla yaptıkları için hatırlamayı ve şükretmeyi bir alışkanlık haline getiriyorum. O'nun benim için olduğu her şeyi hatırlıyor ve takdir ediyorum. Bu O'nu ve beni de kutsar! Bir çocuk yaptığınız veya söylediğiniz bir şey için size teşekkür ettiğinde veya takdir ettiğinde nasıl hissedersiniz? Kalbinizi ısıtır ve onlar için daha fazlasını yapma isteği uyandırır.

Bir Okuyucunun Son Kelime

Kutsamanın hayatımı nasıl değiştirdiğini açıklamak zor. Şimdiye kadarki kısa tecrübelerime göre, vermeyi teklif ettiğimde kimse bir nimeti geri çevirmedi - hatta Müslüman bir adamı kutsama şansım bile oldu. Bir kişinin hayatını kutsamak için dua etmeyi teklif etmek bir kapı açar Tanrı bir kişinin hayatına. Benim için bir kutsama duası edebilmek, ruhsal alet çantama çok özel bir alet ekledi... sanki hayatımın bir parçası daha önce eksikti ve şimdi yerine oturdu... – Sandi

Yazarın Son Kelime

Bunun Tanrı'dan olduğuna inanıyorum:

Hıristiyan, Mesih İsa'da sahip olduğun yetkiyi bilseydin, dünyayı değiştirirdin.

UYGULAMALAR

- Sizi inciten birini düşünün ve gerekirse affedin, ama sonra gidin ve onları kutsayın.

- Başkalarını veya kendinizi lanetlediğiniz yerlerde düzenli olarak söylediğiniz şeyleri düşünün. Bu konuda ne yapacaksın?

- Kendiniz, eşiniz ve çocuklarınız için bir nimet yazın.

- Başka biriyle tanışın ve onlar hakkında peygamberlik etmeye açık olun. Tanrı'dan o kişi için özel ve teşvik edici bir şeyin vahyini isteyin. Genel terimlerle konuşmaya başlayın, örneğin, 'Seni İsa adına kutsuyorum. Tanrı'nın hayatınız için planları ve amaçları gerçekleşsin...' ve bekleyin, sabırlı olun. Mesih'in zihnine sahip olduğunuzu unutmayın. Sonra değiş tokuş yapın ve diğer kişinin sizi

peygamberane bir şekilde kutsamasını
sağlayın.

- Kilisenizde bölgenize ulaşmak ve onları
  iyileştirmek için kurumsal bir kutsama
  oluşturun ya da halihazırda sahip olduğunuz
  görevi kutsayın.

Nasıl Hristiyan Olunur?

Bu küçük kitap Hıristiyanlar için yazılmıştır. 'Hristiyanlar' derken sadece iyi hayatlar yaşayan insanları kastetmiyorum. Tanrı'nın Ruhu tarafından 'yeniden doğan' ve İsa Mesih'i seven ve onu izleyen insanları kastediyorum.

İnsanlar üç kısımdır: ruh, can ve beden. Ruh kısmı, Ruh olan kutsal bir Tanrı'yı tanımak ve onunla iletişim kurmak için tasarlandı. İnsanlar, ruhtan Ruha, Tanrı ile yakınlık için yaratılmıştır. Bununla birlikte, insan günahı bizi Tanrı'dan ayırarak, ruhumuzun ölümü ve Tanrı ile olan birlikteliğimizin kaybıyla sonuçlanır.

Sonuç olarak, insanlar yalnızca ruhları ve bedenleri dışında faaliyet gösterme eğilimindedir. Ruh, akıl, irade ve duygulardan oluşur. Bunun sonucu dünyada sadece çok belirgindir: bencillik, gurur, açgözlülük, açlık, savaşlar ve gerçek barış ve anlamdan yoksunluk.

Ama Tanrı'nın insanlığı kurtarmak için bir planı vardı. Baba Tanrı, aynı zamanda Tanrı olan Oğlu İsa'yı, Tanrı'nın nasıl olduğunu bize göstermek için bir insan olarak yeryüzüne gelmesi için gönderdi - *'Beni gördüyseniz, Baba'yı görmüşsünüzdür'*-ve günahımızın sonuçlarını kendi üzerine almak. Onun çarmıhtaki korkunç ölümü en başından planlandı ve Eski Ahit'te ayrıntılı olarak tahmin edildi. İnsanlığın günahının bedelini ödedi. İlahi adalet yerine geldi.

Ama sonra Tanrı İsa'yı ölümden diriltti. İsa, O'na iman edenlerin de O'nunla sonsuzluğu geçirmek üzere ölümden diriltileceğini vaat eder. Bize Ruhunu veriyorşimdiO'nu tanıyıp dünyevi hayatımızın geri kalanında O'nunla birlikte yürüyebilmemiz için bir garanti olarak.

Böylece, İsa Mesih'in sevindirici haberinin özüne sahibiz. Günahınızı kabul edip itiraf ederseniz,

İsa'nın cezanızı çarmıhta üzerine aldığına ve ölümden dirildiğine inanırsanız, O'nun doğruluğu size atfedilecektir. Tanrı, insan ruhunuzu yenilemek için Kutsal Ruhunu gönderecektir – doğmak bu demektir tekrar - ve Tanrı'yı yakından tanımaya ve onunla iletişim kurmaya başlayabileceksiniz - bu yüzden sizi en başta O yarattı! Fiziksel bedeniniz öldüğünde, Mesih sizi yükseltecek ve size görkemli, bozulmaz bir beden verecektir. Vay!

Siz bu dünyada devam ederken, Kutsal Ruh (aynı zamanda Tanrı olan) çalışacakiçindesizi (sizi temizlemek ve karakter olarak İsa'ya daha çok benzetmek için) vevasıtasıyla (başkalarına bir nimet olmak için).

İsa'ya inanmayanlar yargıya satın alınacaktır. Bunu istemiyorsun.

İşte dua edebileceğiniz bir dua. İçtenlikle dua edersen yeniden doğacaksın.

Cennetteki sevgili Tanrım, sana İsa adına geliyorum. Günahkar olduğumu sana itiraf ediyorum. (Bilinen tüm günahlarını itiraf et.) Günahlarım ve Sensiz yaşadığım hayat için gerçekten üzgünüm ve affına ihtiyacım var.

Tek Oğlun İsa Mesih'in değerli kanını çarmıhta döktüğüne ve benim günahlarım için öldüğüne inanıyorum ve şimdi günahımdan dönmeye hazırım.

İncil'de (Romalılar 10:9), İsa'nın Rab olduğunu ilan edersek ve Tanrı'nın İsa'yı ölümden dirilttiğine yürekten inanırsak, kurtulacağımızı söylediniz.

Şu anda İsa'nın ruhumun Rabbi olduğunu itiraf ediyorum. Tanrı'nın İsa'yı ölümden dirilttiğine inanıyorum. Şu anda İsa Mesih'i kendi kişisel Kurtarıcım olarak kabul ediyorum ve O'nun

Sözüne göre şu anda kurtuldum. Tanrım, beni bu kadar çok sevdiğin için, benim yerimde ölmeyi göze aldığın için sana teşekkür ederim. Harikasın İsa ve seni seviyorum.

Şimdi Senden, zamanın başlangıcından önce olmamı amaçladığın kişi olmam için Ruhun aracılığıyla bana yardım etmeni istiyorum. Beni iman kardeşlerine ve seçtiğin kiliseye götür ki Sende büyüyeyim. İsa adına, Amin.

Bu küçük kitabı okuduğunuz için teşekkürler. Nasıl olduğuna dair tanıklıklar almayı çok isterim kutsama hayatınızı veya kutsadığınız kişilerin hayatlarını değiştirdi.

Lütfen benimle iletişime geçin:
richard.brunton134@gmail.com
www.richardbruntonministries.org adresini ziyaret edin

Yazar Hakkında: Richard Brunton, 1981'de Colmar Brunton'ı kurdu ve onu Yeni Zelanda'nın en iyi bilinen pazar araştırma şirketi haline getirdi. 2014 yılında emekli oldu ve o zamandan beri zamanını yazmaya, konuşmaya adadı Yeni Zelanda'da ve ötesinde bakanlık.O *ayrıca İş için meshedilmiş*(Anointed for Work) yazarı - bir davet heyecan verici ve tatmin edici bir dünyaya adım atın.Doğaüstü iş yerinde güçlü bir etkiye sahiptir .

www.ingramcontent.com/pod-product-compliance
Lightning Source LLC
Chambersburg PA
CBHW071837290426
44109CB00017B/1841